T0258177

Nací para ser feliz

I Was Born to Be Happy

Dra. Lis Milland

CASA
CREACIÓN
Para vivir la Palabra

Para vivir la Palabra

MANTÉNGANSE ALERTA;
PERMANEZCAN FIRMES EN LA FE;
SEAN VALIENTES Y FUERTES.
—1 CORINTIOS 16:13 (NVI)

Nací para ser feliz / I Was Born to Be Happy por Lis Milland
Publicado por Casa Creación
Miami, Florida
www.casacreacion.com
©2021 Derechos reservados

ISBN: 978-1-955682-15-2

Desarrollo editorial: *Grupo Nivel Uno, Inc.*
Diseño interior: Matias De Luca - *Grupo Nivel Uno, Inc.*
Dibujos e ilustraciones: *Emanuel Bressan*

Copyright © 2021 por Lis Milland

Impreso en Colombia

21 22 23 24 25 LBS 9 8 7 6 5 4 3 2 1

DEDICATORIA

Hijo mío:

Cuando te miro, puedo ver la fidelidad de Dios. El Eterno no miente y llega a tiempo. El Todopoderoso cumple sus promesas, y ciertamente nos da mucho más allá de lo que pedimos o esperamos. Para mamá…¡tú eres perfecto!

La memoria más cautivante que tengo de mi vida es el instante oportuno en que nuestras miradas se encontraron por primera vez. El mundo se detuvo a mi alrededor y solo existíamos tú y yo. Gracias por el privilegio de escogerme para ser tu mamá. Ese día, tu manita se entrelazó con la mía y así será por siempre.

Debes saber que en el camino de tus días, mamá estará aquí para ti. Por encima de todo, siempre me encontrarás impulsándote para el cumplimiento del gran propósito que tienes en el Señor. Estoy segura que serás un gran hombre de Dios. Lo veo desde ya, por tu gran sensibilidad. La bondad se desborda por todo tu ser. Me conmueve mucho cuando te veo orando. Es impresionante como con diez años es tan claro tu don de servir a los demás.

El mayor legado que deseo dejarte es, precisamente, el que mis padres me dejaron: amar a Jesús con todas las fuerzas de mi alma. Nunca lo olvides: si tienes a Jesús, entonces…lo tienes todo.

Hasta el último latido de mi corazón y más allá,

Mamá

3

¡Qué responsabilidad tan grande te ha dado Dios! Cuidar de los niños y las niñas, quienes son las joyas del Señor, es un privilegio y, a la vez, un desafío. Pero, si Dios te ha dado esta encomienda, es porque Él confía en ti para hacerlo con excelencia.

No podemos seguir creyendo lo que se proclama en el mundo natural de que las generaciones que surgen están perdidas y que las cosas van de mal en peor. No podemos seguir repitiendo las frases que escuchamos frecuentemente de que la salud mental va en decadencia y que los valores se han enterrado. Dios nos ha dado autoridad y poder para fortalecer la salud mental de Sus joyas y para activar los valores cristianos como un modelo exitoso de vida.

Anhelo con todo mi corazón que esta guía sea un instrumento especial para que puedas llevar esta hermosa encomienda. Le pido a Dios que cada día te dé mucha sabiduría para que lleves a cabo esta misión: un niño o una niña feliz, para que sea feliz en la adultez y abone también a la felicidad de otras personas.

Dios nos creó de tal manera que tensamos muchos menos músculos cuando reímos que cuando estamos serios. Nuestra postura divina es la de sonreír. ¡Los niños y las niñas nacieron para ser feliz!

—Dra. Lis Milland
Terapeuta y consejera de familia

5

Dear Father and Mother,

What a great responsibility God has given you! Raising boys and girls, precious jewels of God, is a privilege and also a challenge. Yet if God has entrusted you with this assignment, He has confidence that you can accomplish it with excellence.

We cannot continue believing what the world says about future generations being lost and that things are going from bad to worse. We cannot continue repeating the phrases we often hear about how mental health is in a downward spiral and Christian values are dead. God has given us the authority and the power to strengthen the mental health of our precious treasures and to promote Christian values as a successful way of life.

My sincerest hope is for this guide to be a special tool for you on this beautiful assignment. I ask God to give you wisdom every day so you can carry out your mission: raise boys and girls who are happy in adulthood and also contribute to the happiness of others.

God made us in such a way that we use fewer muscles when we smile than when we don't. Our divine posture is smiling. Boys and girls are born to be happy!

—Lis Milland, Ph. D.
Family Counselor and Therapist

NO LE TENGO
MIEDO AL **SEÑOR**
MIEDO

I'm **Not Afraid**
of Mister
FEAR

Hacía una fuerte Tormenta de Truenos.
Amanda Tenía miedo de Los Truenos.
También Le Tenía miedo a La oscuridad, a Los ruidos fuertes y a quedarse soLa.

There was a strong Thunderstorm outside.
Amanda was afraid of The Thunders.
She was also afraid of The dark, Loud sounds, and being aLone.

11

También la asustaban los perros, los gatos, los monstruos de los cuentos y hasta los pájaros. Amanda le tenía miedo a muchas cosas.

She was afraid of dogs, cats, monsters from stories, and even birds. Amanda was afraid of a LoT of Things.

La mamá de Amanda entró a su cuarto.

—Amanda. ¿Qué te ocurre, mi amor? ¿Por qué aún no te has dormido? Ya es tarde.

—Mamita, yo quiero dormir contigo —dijo atemorizada Amanda—. Tengo miedo.

—Ya hemos hablado de eso, mi vida. Tú tienes un cuarto muy bonito. Este es el lugar donde debes dormir. Confío en ti, pues eres una niña valiente.

Amanda's mom came into her room.

"Amanda, what's going on with you, sweetie? Why haven't you gone to sleep yet? It's late."

"Mommy, I want to sleep with you. I'm scared," Amanda told her.

"We've already talked about this, sweetie. You have a beautiful room. This is where you should sleep. I know you are a brave girl."

Amanda se quedó dormida.

Al instante, apareció en un bosque oscuro donde escuchaba muchos ruidos extraños.

Estaba llena de miedo. Empezó a gritar dentro de su sueño, pero nadie la escuchaba.

Amanda fell asleep.

Suddenly she appeared in a dark forest where she heard lots of strange noises.

Amanda was filled with fear. She started yelling in her dream, but nobody heard her.

De repente, vio a un pájaro que sacudía muy fuerte sus alas. ¡Parecía que estaba bien rabioso! Amanda temblaba de miedo.

Entonces, el pájaro le habló: —¡Eres una miedosa!

Amanda dejó de temblar. Ahora estaba asombrada. *¿Un pájaro que habla?*, pensó ella.

All of a sudden, she saw a bird rapidly flapping its wings. It looked really angry! Amanda shook with fear.

Then, the bird talked to her and said, "You're a scaredy-cat!"

Amanda stopped shaking. Now she was amazed. "A bird that talks?" she thought.

Amanda le preguntó al enorme pájaro:

—¿Quién eres Tú?

—Mi nombre es Xavi. Yo canto cuando la gente está triste. A veces los alimento. ¡Ah! Y también soy el guardián de tu bosque.

—¿De mi bosque? —replicó Amanda.

—Sí, el bosque donde vive el Señor Miedo —contestó Xavi.

—Pero... —indagó ella—, ¿por qué dices que el bosque es mío?

—Porque Tú misma lo creaste —respondió Xavi.

Amanda asked The enormous bird, "Who are you?"
"My name is Xavi. I sing when people are sad. Sometimes
I comfort Them. Oh! I am also The guardian of your
forest."
"Of my forest?" Amanda asked.
"Yes, The forest where Mister Fear Lives," Xavi replied.
"But why did you say The forest is mine?" Amanda
asked.
"Because you created iT,"
Xavi said.

—¿Que yo misma creé al bosque? —respondió Amanda incrédula—. No entiendo. ¿Quién es el Señor Miedo?

—Te lo voy a presentar. ¿Quieres asustar al Señor Miedo? —preguntó Xavi.

—¡Sí! Voy a ponerle una cara que lo asuste mucho —le contestó Amanda emocionada.

—Pues prepárate —dijo Xavi—. Pon la cara más fea que puedas, y cuando yo te diga, le gritas: "¡BUUUUU!".

"I created the forest myself? I don't understand. Who is Mister Fear?"

"I will introduce you. Do you want to scare him?" Xavi asked.

"Yes! I am going to make a face that will really scare him," Amanda said.

"OK, get ready. Make the ugliest face you can, and when I tell you, shout 'Boo!'" Xavi replied.

Xavi se fue. Cuando pasaron unos minutos, regresó con algo tapado con una sábana oscura.

—¡Ahora tú vas a asustar al Señor Miedo! —le dijo Xavi a Amanda.

Amanda otra vez se llenó de mucho temor. Estaba paralizada.

—¡Prepárate! Pon la peor cara y grita para que asustes al Señor Miedo. Cuando estés lista me avisas para destaparlo —dijo Xavi.

—Está bien. ¡Ya estoy lista! —le respondió Amanda.

Amanda se preparó para asustar al Señor Miedo y Xavi quitó la sábana que lo cubría.

Xavi left, and after a few minutes he came back with something hidden under a dark blanket.

"Now you are going to scare Mister Fear!" Xavi told Amanda.

Once again Amanda felt very frightened. She was paralyzed.

"Get ready! Make your worst face and shout so that you will scare Mister Fear. When you are ready, tell me so I can pull off the blanket."

"OK, I'm ready!" Amanda responded.

Amanda prepared herself, and Xavi took off the blanket that covered Mister Fear.

¡Sorpresa! Amanda se vio reflejada en un espejo que estaba tapado con la sábana. Como se veía tan fea, haciendo de monstruo y gritando, le dio un ataque de risa.

—¡Ja, ja, ja, ja! ¡Pero si soy yo! ¡Nunca me he reído tanto! ¿Esto es una broma? ¡Ja, ja, ja! —continúo riéndose Amanda.

Surprise! Amanda saw her reflection in a mirror. She looked so funny, making a scary face and shouting that it made her laugh.

"Ha ha ha! But that's me! I've never laughed so hard. Is this a joke?" Amanda asked as she continued to laugh.

—El Señor Miedo no existe porque Tú lo creaste —dijo Xavi.

—Gracias, Xavi, por enseñarme dónde es que está el miedo —concluyó Amanda—. El miedo estaba dentro de mí. Nunca más lo volveré a sentir. Yo lo puedo controlar.

Xavi explained, "Mister Fear doesn't exist because you created him."

"Thank you, Xavi, for teaching me where the fear is. It is inside of me. I'll never feel it again. I can control it," Amanda said.

En la mañana, Amanda estaba desayunando con su hermano mayor, Caleb.

—¡Anoche hubo truenos! ¡A Amanda le dio miedo! ¡Anoche hubo truenos! ¡A Amanda le dio miedo! —canturreó él burlándose de Amanda.

—Ya no me dan miedo los truenos, Caleb. Aprendí que no tengo que tenerle miedo a nada, porque yo misma decido a qué le debo temer —le afirmó Amanda.

Caleb la miró y se sonrió con ternura.

In the morning Amanda was eating breakfast with her older brother Caleb.

"Last night there was thunder, and it scared Amanda. Last night there was thunder, and it scared Amanda," he teased.

"I'm not afraid of thunder anymore, Caleb. I learned that I don't have to be afraid of anything because I get to decide what makes me afraid," Amanda told him.

Caleb looked at her and smiled sweetly.

Oración

Si me siento solo (sola) y asustado (asustada),
yo sé que Dios me cuidará.
En Él puedo estar confiado (confiada).
Del amor de Dios estoy seguro (segura).
Sus ángeles están conmigo
y me protegen, aunque esté oscuro.
Cuando me sienta con miedo,
sé que Dios me mirará.
Su Luz siempre me encontrará.

Amén

Textos bíblicos para memorizar:

En paz me acuesto y me duermo, porque solo
tú, Señor, me haces vivir confiado. —Salmo 4.8

Puedo cruzar lugares peligrosos y no tener miedo
de nada, porque tú [el Señor] eres mi pastor y siempre
estás a mi lado. —Salmo 23.4, , TLA con nota añadida

Prayer

If I feel alone and scared,
I know God will take care of me.
I can trust in Him.
I am safe in God's love.
His angels are with me, and they protect
     me even if it is dark.
When I feel afraid,
I know God will be
watching me.
His light will always
     find me.

Amen.

Bible Verses to Memorize:

"In peace I will lie down and sleep, for you alone, Lord, make me dwell in safety" (Psalm 4:8).

"I will fear no evil, for you are with me" (Psalm 23:4).

33

Consejitos para ti

1. Cuando ves a mamá, a papá o a otras personas que te cuidan que no tienen miedo, eso te dará más seguridad.

2. Enfrenta tus miedos; confronta lo que te da miedo, poquito a poquito.

3. Quiero que sepas que los monstruos, el cuco y los fantasmas NO EXISTEN.

4. Si duermes con un muñeco o un peluche, te puede ayudar si tienes miedo a la oscuridad.

5. Recuerda que todos los días y todo el tiempo, Dios te está cuidando.

Advice for You:

1. Seeing that your mom, dad, or other people who take care of you aren't afraid will help you feel secure.

2. Face your fears; confront what you're afraid of, little by little.

3. Know that monsters, ghosts, and the boogeyman DO NOT EXIST.

4. Sleeping with a doll or a stuffed animal can help you if you are afraid of the dark.

5. Remember, God is always taking care of you.

LA RECETA PARA ESTAR ALEGRE

The Recipe for HAPPINESS

37

El abuelito de los niños es quien prepara la comida todas las tardes.

Una de las hermosas formas en que él le demuestra a su familia que los ama es cocinándoles ricos platos. La comida que Caleb prefiere que su Abu le cocine es el arroz con pollo. Mientras que a Amanda le encantan las sopas.

Una hermosa tarde de verano, Caleb quiso ayudar a su abuelito a cocinar.

—Abu, me encantaría hacer un arroz tan rico como el que tú haces. Pero creo que no lo haría bien. Cuando quiero hacer algo, todo me sale mal —dijo **Caleb triste**.

—Quiero contarte una historia, Caleb. Escucha muy bien —**dijo Abu**.

—¡Claro que sí, Abu! Me gusta que me cuentes historias —**le contestó Caleb**.

Every afternoon grandpa makes the children something to eat. Making delicious food is one of the ways he shows his family how much he loves them. Caleb's favorite dish that his grandpa makes is chicken and rice, and Amanda likes his soups the best.

One lovely summer afternoon, Caleb wanted to help his grandpa cook.

"Grandpa," **Caleb said**, "I would really like to make rice as delicious as you do, but I don't think I can do anything well. When I do something, it always turns out wrong."

"I want to tell you a story, Caleb. Listen closely," **said Grandpa**.

"Of course, Grandpa! I love when you tell me stories," **Caleb replied**.

"Había una vez un niño que se llamaba Luis —Abu comenzó a decir—. Él vivía en un pueblo en donde la gente estaba triste. Un día, decidió visitar un pueblo cercano donde sus habitantes siempre estaban felices. Caminando por ese hermoso pueblito, encontró una casa muy graciosa que tenía un letrero que decía: 'Descubre la receta para ser feliz'. Era un anuncio para clases de cocina para niños".

Grandpa began, "Once upon a time, there was a little boy named Luis. He lived in a small town where all the people were sad. One day, he decided to visit a nearby town where the townspeople were always happy. As he walked around the beautiful town, he found a funny house with a sign that said, 'Discover the recipe for happiness.' It was an advertisement for cooking classes for kids."

—¿Luis se anotó, Abu? —preguntó Caleb.

—Sí. Luis iba a las clases de cocina todos los días. Se aprendió todas las recetas de memoria. Pero había un problema —respondió Abu.

—¿Qué problema? —quiso saber Caleb.

"Did Luis sign up, Grandpa?" Caleb asked.

"Yes. Luis went to the cooking classes every day. He memorized all the recipes, but there was a problem," Abu responded.

"What was the problem?" Caleb asked.

43

—Que las recetas no le salían bien, aunque practicaba —**respondió Abu**—. Un día, al salir de la clase, se quitó su sombrero y un frijol saltó.

—¿Qué hago aquí? ¿Por qué no estoy en la cocina? —**le preguntó el frijol a Luis**.

—¡No puedo creer que puedes hablar! —**dijo Luis sorprendido**.

—Puedo hablar, saltar, cantar, reír y bailar. ¡Puedo hacer muchas cosas! Supongo que tú también —**explicó el frijol**.

—No. A mí todo me sale mal y no me siento importante. Estoy triste —**dijo Luis**.

—En todo lo que hagas, siéntete feliz —**le dijo el frijol**—. Sobre todo, siéntete feliz contigo mismo. Tú tienes mucho valor.

—¿Tú crees eso de mí? —**preguntó Luis asombrado**.

—Sí. Yo lo creo —**respondió el frijol**—. Pero más importante es que tú lo creas. Mañana cuando llegues a las clases de cocina, piensa en esas cosas que te hacen feliz y verás como todo te saldrá bien.

45

"When he practiced The recipes, They never turned out right," Grandpa answered. "One day after class when he took off his hat, a bean jumped out."

"The bean asked Luis, 'What am I doing here? Why aren't I in the kitchen?'"

"Luis answered him, 'I can't believe you can talk!'"

"The bean responded, 'I can talk, jump, sing, laugh, and dance. I can do many things! I bet you can too.'"

"Luis replied, 'No. Everything goes wrong for me, and I don't feel important. I'm sad.'"

"'In everything you do, be happy. Above everything else, be happy with who you are. You are valuable,' said the bean."

"'Do you really believe that about me?' Luis asked."

"'Yes, I believe it. But what is more important is that you believe it. Tomorrow when you arrive at cooking class, think about the things that make you happy and you'll see that things turn out well,' said the bean."

47

El abuelo le describió a Caleb lo que pasó al otro día con Luis.

—Cuando Luis llegó a las clases de cocina, pensó en las bellas canciones que su mamá le cantaba. Mientras cocinaba, se puso a cantar. Entonces, empezó a cocinar con el corazón. Luces de distintos colores salían de los ingredientes.

—El plato más rico fue el que cocinó Luis —continuó diciendo el abuelo—. ¡Hasta ganó un premio! Así fue como él descubrió que se puede ser feliz y estar contento con quien tú eres. Todos somos capaces de hacer cosas muy buenas, sin importar cuán pequeño o insignificante te hayas sentido alguna vez.

Grandpa described to Caleb what happened the next day with Luis.

"When Luis arrived at cooking class, he thought about the beautiful songs his mom sang to him. While he cooked, he started singing too. Then, he started to cook with his heart. Colorful lights flew out of the ingredients."

"It was the most delicious dish Luis had ever cooked. He even won a prize! And that's how he discovered you can be happy and content with who you are. We are all able to do good things, no matter how small or unimportant have felt at times."

Caleb estaba agradecido de su Abu por haberle contado esa historia, y lo ayudó a hacer esa tarde un sabroso arroz con frijoles rojos.

Pero, sin que su abuelito se diera cuenta, Caleb tomó uno de los frijoles y no lo echó en la olla. Lo puso en su bolsillo para recordarse que sí podemos ser felices.

¡Podemos ser felices y brillar como hermosas luces de colores!

Caleb was grateful to his grandpa for telling him that story, and he helped him to make a delicious rice with beans that afternoon.

But when his grandpa wasn't looking, Caleb took one of the beans and put it in his pocket to always remember that we can be happy.

We can be happy and shine like beautiful colorful lights!

Oración

Gracias, querido Dios,
porque me creaste especial.

Soy valiente y fuerte.

¡Soy un ser sin igual!

Gracias, Padre celestial,
porque tengo inteligencia,

soy hermoso y lleno de bondad.

¡Soy un reflejo de Tu grandeza!

Amén

Prayer

Thank You, dear God, for making me special.

I am brave and strong.

There is no one else like me!

Thank You, heavenly Father, that I am smart, beautiful, and full of kindness.

I am a reflection of Your greatness!

Amen

53

Receta para ser feliz:

- ☺ Recuerda que eres una joya preciosa con mucho valor.
- ☺ Tú puedes hacer las cosas muy, muy, bien.
- ☺ Si te equivocas en algo, puedes volverlo a intentar.
- ☺ Si alguien dice algo feo de ti, no le creas.
- ☺ Felicítate a ti mismo (misma) cuando hagas algo bien.

Recipe for Happiness

- ☺ Remember that you are a precious and valuable jewel.
- ☺ You can do things very well.
- ☺ If you make a mistake doing something, you can try again.
- ☺ If someone says something bad about you, don't believe it.
- ☺ Congratulate yourself when you do something well.

55

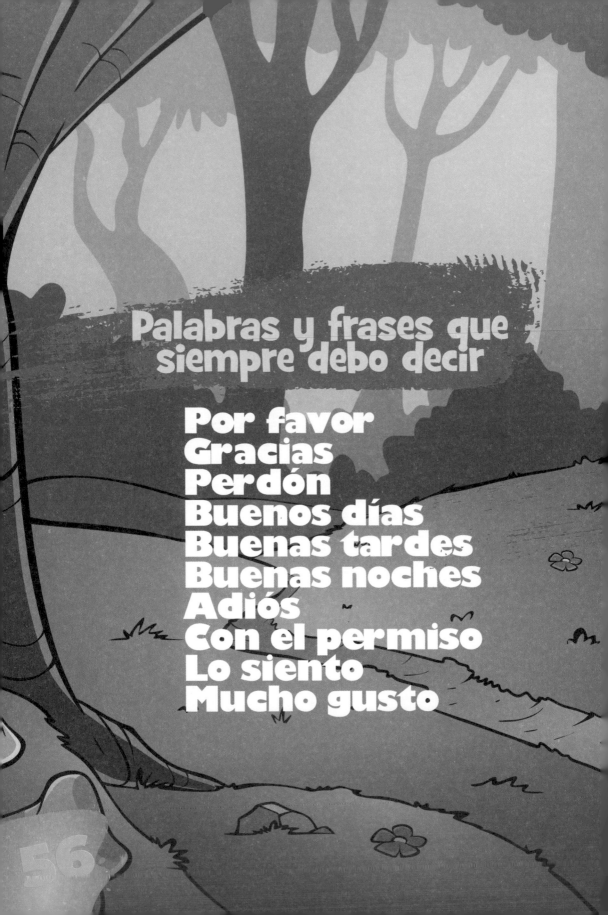

Palabras y frases que siempre debo decir

Por favor
Gracias
Perdón
Buenos días
Buenas tardes
Buenas noches
Adiós
Con el permiso
Lo siento
Mucho gusto

Words and Phrases That I Must Always Say

Please
Thank you
Pardon me
Good morning
Good afternoon
Good evening
Goodbye
Excuse me
I'm sorry
Nice to meet you

APRENDIENDO JUNTOS

VALORES

Normas de conducta y actitudes que concuerdan con lo que es CORRECTO

Ayuda a nuestros amiguitos a completar los blancos.
Aprendamos juntos los
valores.

Bo__Dad
__esponsabilida__
Le__tad
In__egridad
Considerac__ón
Res__eto
__ratitud
A__r
Humi__dad

A__abilida__
Gene__osidad
Corte__ia
Amist__d
__onestidad
Ju__ticia
Obe__iencia
Perse__erancia

Behaviors and Attitudes That are Consistent With What is RIGHT

Help our friends to fill in the blanks. We can learn **Values** together.

KI__DNESS

__ESPONSIBILIT__

LO__ALTY

INT__GRITY

__RATITUDE

CONSIDERAT__ON

RES__ECT

L__VE

HUMI__ITY

COURTES__

GENE__OSITY

FRI__NDSHIP

__ONESTY

POLITE__ESS

JU__TICE

OBE__IENCE

PERSE__ERANCE

61

CALEB

¡Sigue los puntos enumerados, dibuja a Caleb y a colorear!

Follow the numbered dots, draw Caleb, and color!

Te invitamos a que visites nuestra página
web, donde podrás apreciar la pasión por
la publicación de libros y Biblias:

www.casacreacion.com

f @CASACREACION

𝕏 @CASACREACION

📷 @CASACREACION

Para vivir la Palabra